विनोद तिवारी

काव्यालय

समर्पित सत्य
समर्पित स्वप्न

विनोद तिवारी

चित्रकला
वाणी मुरारका

काव्यालय की प्रस्तुति

Hardcase ISBN: 978-81-939972-1-5
Paperback ISBN: 978-81-939972-0-8
समर्पित सत्य समर्पित स्वप्न
कविताएँ: विनोद तिवारी
चित्रकला: वाणी मुरारका

प्रकाशक :
काव्यालय, मनस्कृति सॉफ़्टवेयर सल्यूशन्स
फ़्लैट 6बी-सी, टावर सी, 96 गार्डन रीच रोड
कोलकाता 700 023

मुद्रण और वितरण: NotionPress.com

प्रथम संस्करण: अप्रैल 2020

Samarpit Satya Samarpit Swapna
Poems: Vinod Tewary
Artwork: Vani Murarka

Published by
Kaavyaalaya
C/O Manaskriti Software Solutions
Flat 6B-C, Tower C, 96 Garden Reach Road, Kolkata 700 023
Email: contact@mail.kaavyaalaya.org
Website: kaavyaalaya.org

First edition: April 2020

चश्मे पुरनम बही, बही, न बही।
ज़िन्दगी है, रही, रही, न रही।
तुम तो कह दो जो तुमको कहना था
मेरा क्या है, कही, कही, न कही।

सूची

परिचय : डॉ. विनोद तिवारी

डॉ. विनोद तिवारी हरदोई, उत्तर प्रदेश के मूल निवासी हैं और आज कल कोलोराडो, अमरीका में रहते हैं। एक राष्ट्रीय वैज्ञानिक संस्थान में वैज्ञानिक के रूप में कार्यरत हैं। उन्होंने भौतिक विज्ञान में लखनऊ विश्वविद्यालय से बी. एससी. और एम. एससी., और दिल्ली विश्वविद्यालय से पी एच. डी. किया है। अमरीका आने के पहले वह बिड़ला इंस्टिट्यूट पिलानी में प्राध्यापक और डीन ऑफ रिसर्च थे। भौतिक विज्ञान में शोध कार्य के लिये उन्हें एरिक राइस्नर पदक, अमरीका सरकार का कांस्य पदक, प्राइड आफ इंडिया पुरस्कार, और लाइफ-टाइम-एचीवमेंट पुरस्कार मिल चुके हैं।

हिन्दी में, कई दशक पहले, सरिता (दिल्ली प्रेस की पत्रिका) द्वारा आयोजित साहसिक कहानी प्रतियोगिता में उन्हें प्रथम पुरस्कार मिला था। उनकी कवितायें सरिता, कादम्बिनी, और अन्य पत्रिकाओं में प्रकाशित हो चुकी हैं। अनुभूति के प्रतिष्ठित संकलन "हिन्दी की 100 सर्वश्रेष्ठ प्रेम कवितायें" (anubhuti-hindi.org/sankalan/prem_kavitayen) में भी उनकी कविता प्रकाशित हुई है।

हिन्दी काव्य के लेखन और पठन में उन्हें विशेष रूचि है। सन 2001 से वह वाणी मुरारका के सहयोग में काव्यालय (kaavyaalaya.org) का सम्पादन कर रहे हैं। संक्षेप में उनके व्यक्तित्व की परिभाषा है, "भौतिक विज्ञान पर अडिग आस्था, हिन्दी से अटूट अपनत्व, और काव्य में असीम रूचि" । उनके अपने शब्दों में "भौतिक विज्ञान उनकी शक्ति है और कविता उनकी दुर्बलता।"

प्राक्कथन

इंद्रधनुष के उस पार अप्रतिम सौंदर्य की एक प्रतिमा है, जिससे मेरा युगों युगों का नाता है। उस छवि से माधुर्य की एक अविरल धारा बहती है, जिसका अनुभव मैं प्रतिपल करता हूँ। उसी अनुभूति की अभिव्यक्ति इन कविताओं में है। इनमें निहित भावनाओं का वर्णन मेरे शब्दों में है किन्तु उन्हें साकार रूप और कविताओं को पूर्णत्व दिया है वाणी मुरारका की चित्र कला ने।

इंद्रधनुष के एक ओर हमारा सत्य है और दूसरी ओर स्वप्न। सत्य और स्वप्न के बीच में कोई ज्यामितीय रेखा नहीं है। इनके बीच की सरहद बादल की तरह चलायमान है जिसके धुंधलके में सत्य और स्वप्न एक दूसरे को धीरे धीरे आत्मसात करते हैं। सत्य और स्वप्न के बीच का यह धुंधलका भौतिक संसार का एक यथार्थ है। जैसे क्वांटम भौतिकी में एक इलेक्ट्रान, कण और तरंग के बीच में, अपने द्विरूप और अपने दोहरे अस्तित्व की पहचान खोजता रहता है, वैसे ही सत्य और स्वप्न, एकरूप होकर, इन कविताओं में समाये हैं।

सत्य और स्वप्न सभी के अपने मन का दर्पण हैं। सभी का अपना अनोखा सत्य और अपना व्यक्तिगत स्वप्न होता है और उनका अनुभव सबका अपना निजी। जैसे गोस्वामी तुलसीदास के शब्दों में शिव के अनुभव की अभिव्यक्ति है "सत हरिभजन, जगत सब सपना", या ग़ालिब का बयाँ उनके अशआर में है "आते हैं ग़ैब से ये मजामे ख़याल में", या फिर साहिर लुधियानवी का तसव्वुर, जो राज़ तो है किन्तु, उन्ही के शब्दों में, "हमारा राज़ हमारा नहीं सभी का है, चलो कि सारे ज़माने को राज़दाँ कर लें।" ये कवितायें भी सत्य और स्वप्न की सरहद पर सारे ज़माने को हमारा राज़दाँ कर लेती हैं।

यह पुस्तक काव्यालय से प्रकाशित हुई, यह मेरे लिए हर्ष का विषय है। काव्यालय हिंदी जगत की एक अद्वितीय संस्था है। कितने ही जाने अनजाने कवियों को हिंदी प्रेमियों के सम्मुख, बिना किसी आर्थिक लाभ के, प्रस्तुत करने का श्रेय काव्यालय को है। काव्यालय में उपलब्ध, वाणी मुरारका द्वारा रचित, एक सॉफ्टवेयर "गीत गतिरूप", कविताओं में मात्राओं की गणना और शब्द - संयोजन के लिए अत्यंत उपयोगी है । मैं इसका निरंतर उपयोग करता हूँ। इस के लिए, और हमारा होने के लिए काव्यालय को धन्यवाद। मेरे प्रियजन, जिनसे मुझे ज़िंदगी के हर क़दम पर कुछ मिला है, उन्हें धन्यवाद: मेरे अभिन्न दिवंगत मित्र अवध किशोर, मेरी छोटी बहनें सुमन और उषा, बेटियाँ अनुरंजिता और कनुप्रिया, और पत्नी शरद। इन कविताओं में और भी परछाइयाँ हैं जिनको धन्यवाद देने से उनके योगदान का अवमूल्यन हो सकता है। उन के लिए, शिव मंगल सिंह 'सुमन' के शब्दों में : "जिस-जिस से पथ पर स्नेह मिला, उस-उस राही को धन्यवाद।"

अंत में इंद्रधनुष के उस पार की उसी प्रतिमा को "समर्पित सत्य, समर्पित स्वप्न।"

~ विनोद तिवारी
मकर संक्रांति, 2020

भाग 1 :
एक एहसास है उम्र भर के लिए

मुक्तक

एक तस्वीर जो ख़्वाबों को सजा जाती है
कितने सोये हुए जज़बात जगा जाती है
आज भी प्यार से पुरनम वह नज़र की शबनम
सियह रातों में थपक दे के सुला जाती है।

*

कभी पायल में छमक जाती है छम छम बन कर
कभी सावन में बरस जाती है रिम-झिम बन कर
एक तस्वीर है ख़्वाबों में खयालातों में
वही आँखों में छलक जाती है शबनम बन कर।

*

पुरनम – भीगा हुआ; शबनम – ओस ; सियह - काली

मुक्तक

चलो चमन में बहारों के ख़्वाब देखेंगे।
किसी कली को कहीं बेनक़ाब देखेंगे।
चलो ज़मीन की तारीकियों से दूर चलें
फ़लक के पार चलें आफ़ताब देखेंगे।

*

चमन – बगीचा; तारीकियों – अँधेरों; फ़लक – आकाश; आफ़ताब – सूरज;

1. जीवन दर्शन

सब कहाँ कुछ लाल-ओ-गुल में नुमायाँ हो गईं
ख़ाक में क्या सूरतें होंगी कि पिन्हाँ हो गईं।
(ग़ालिब)

* * *

धरती के आँचल में कितने
सुन्दर स्वप्न सजे होंगे।
इनमें से कुछ हुए पंखुरित
बन कर कुसुम खिले होंगे।

किन्तु स्वप्न ऐसे भी हैं जो
धूल धूसरित हो जाते हैं।
कितने ऐसे फूल कि जो बस
खिलते ही मुरझा जाते हैं।

फूलों का खिलना, मुरझाना
उपवन की प्राचीन प्रथा है।
जीवन हैं उपवन का रूपक
हर जीवन की यही कथा है।

जैसे मुरझाये फूलों से
पूर्णत्व मिलता उपवन को।
वैसे ही टूटे सपनों से
मिलता एक तत्व जीवन को।

लाल-ओ-गुल – कोंपल फूल और पत्ते; नुमायाँ – जो स्पष्ट दिखाई पड़ता हो, प्रकट;
पिन्हाँ – छिपा हुआ

अपनी आँखों में जन्मे हैं
सपने आखिर सपने ही हैं।
पुष्पित हों या धूल धूसरित
बिखर जाएँ पर अपने ही हैं।

हर सपने में गुंथी हुयी है
अपनी ही अनकही कहानी।
अपनेपन की व्यथा अनोखी
चिर परिचित फिर भी अनजानी।

अप्रिय हो या स्वप्न सुहाना
मेरे ही मन का दर्पण है।
जो भी है स्वीकार मुझे है
यह मेरा जीवन दर्शन है।

*

2. मेरी कविता

मेरी कविता अगर कभी साकार हुई तो
मधुर मोहिनी मधुऋतु बन कर
सुरभित, सुमनित, सुस्मित बन कर
मेरे मन की मरुस्थली पर
श्यामल बदली सी बरसेगी।
मेरी कविता अगर कभी साकार हुई तो
किसी फूल की पंखुरियों पर
ओस बिन्दु बन कर छलकेगी।

मूक हृदय के स्पन्दन में कितने कोमल भाव प्रतिध्वनित।
युगों युगों की सुप्त वेदना मेरे गीतों में प्रतिबिम्बित।
मेरी पीड़ा अगर कभी मुस्कान हुई तो
सागरिका की लहर लहर पर
शुभ्र ज्योत्सना सी थिरकेगी।
मेरी कविता अगर कभी साकार हुई तो ... ।

इन्द्र धनुष के रंग सजाये एक मनोरम प्रतिछवि उज्ज्वल।
एक प्रेरणा, एक चेतना, संग संग चलती जो प्रतिपल।
मेरी यह अनुभुति कभी अभिव्यक्ति हुई तो
स्नेहसिक्त, गीली आँखों से
आँसू बन कर के ढलकेगी।
मेरी कविता अगर कभी साकार हुई तो ... ।

मधुऋतु – वसन्त; सुरभित – सुगंधित; सुमनित – जिसमें फूल खिले हों; सुस्मित –
मुस्कुराता हुआ; शुभ्र ज्योत्सना – सफेद चांदनी

कुछ करने की आकाँक्षा है, कुछ पाने की अभिलाषा है।
सारे स्वप्न सत्य होते हैं, जीवन की यह परिभाषा है।
मेरी आशा अगर कभी विश्वास हुई तो
हिमगिरि की पाषाणी छाती
से गंगा बन कर निकलेगी।
मेरी कविता अगर कभी साकार हुई तो ... ।

कितना है विस्तार सृष्टि में, फिर भी कितनी सीमायें हैं।
सब कुछ है उपलब्ध जगत में, फिर भी कितनी कुंठायें हैं।
मेरी धरती अगर कभी आकाश हुई तो
अन्तरिक्ष में उल्का बन कर
टूट टूट कर भी चमकेगी।
मेरी कविता अगर कभी साकार हुई तो ... ।

*

पाषाणी – पत्थर जैसी; उल्का – आकाश से गिरता हुआ टूटता तारा, comet

3. ऐसी लगती हो

अगर कहो तो आज बता दूँ, मुझको तुम कैसी लगती हो।
मेरी नहीं मगर जाने क्यों, कुछ कुछ अपनी सी लगती हो।

नील गगन की नील कमलिनी,
नील नयनिनी, नील पंखिनी।
शांत, सौम्य, साकार नीलिमा,
नील परी सी सुमुखि, मोहिनी।
एक भावना, एक कामना, एक कल्पना सी लगती हो।
मुझको तुम ऐसी लगती हो।

तुम हिमगिरि के मानसरोवर
सी, रहस्यमय गहन अपरिमित।
व्यापक विस्तृत वृहत मगर तुम
अपनी सीमाओं में सीमित।
पूर्ण प्रकृति, में पूर्णत्व की तुम प्रतीक नारी लगती हो।
मुझको तुम ऐसी लगती हो।

तुम नारी हो, परम सुन्दरी,
ललित कलाओं का उद्गम हो।
तुम विशेष हो, स्वयं सरीखी
और नहीं, तुम केवल तुम हो।
क्षिति जल पावक गगन समीरा रचित रागिनी सी लगती हो।

सौम्य – सुदंर; गहन – गहरा; अपरिमित – असीमित; व्यापक – चारों ओर फ़ैला हुआ;
वृहत – बड़ी; उद्गम – जहाँ से आरम्भ हो; स्वयं सरीखी - खूद के समान;
क्षिति – धरती; पावक – आग; समीरा – वायु (रामचरितमानस की प्रसिद्ध पंक्ति से)

मुझको तुम ऐसी लगती हो।

कभी कभी चंचल तरंगिनी
सी, सागर पर थिरक थिरक कर,
कौतुक से तट को निहारती
इठलाती मुँह उठा उठा कर।
बूँद बूँद, तट की बाहों में होकर शिथिल, पिघल पड़ती हो।
मुझको तुम ऐसी लगती हो।

सत्यम् शिवम् सुन्दरम् शाश्वत
का समूर्त भौतिक चित्रण हो।
सर्व व्याप्त हो, परम सूक्ष्म हो,
स्वयं सृजक हो, स्वत: सृजन हो।
परिभाषा से परे, स्वयं तुम अपनी परिभाषा लगती हो।
मुझको तुम ऐसी लगती हो।

अगर कहो तो आज बता दूँ मुझको तुम कैसी लगती हो।
सत्य कहूँ, संक्षिप्त कहूँ तो, मुझको तुम अच्छी लगती हो।

*

कौतुक – कौतुहल; शिथिल – ढीला; शाश्वत – अजन्मा और अमर; समूर्त – आकार के साथ; सृजक – बनाने वाला; स्वत: – अपने आप

4. प्यार का नाता

ज़िन्दगी के मोड़ पर यह प्यार का नाता हमारा
राह की वीरानियों को मिल गया आखिर सहारा।

ज्योत्सना सी स्निग्ध सुन्दर, तुम गगन की तारिका सी
पुष्पिकाओं से सजी, मधुमास की अभिसारिका सी
रूप की साकार छवि, माधुर्य्य की स्वच्छन्द धारा।
प्यार का नाता हमारा।

मैं तुम्ही को खोजता हूँ, चाँद की परछाइयों में
बाट तकता हूँ तुम्हारी, रात की तनहाइयों में
आज मेरी कामनाओं ने तुम्हे कितना पुकारा।
प्यार का नाता हमारा।

दूर हो तुम किन्तु फिर भी दीपिका हो ज्योति मेरी
प्रेरणा हो शक्ति हो तुम, प्रीति की अनुभूति मेरी
गुनगुना लो प्यार से, यह गीत मेरा है तुम्हारा।
प्यार का नाता हमारा।

*

मुक्तक

कभी शाखों में थरथराती है
कभी काँटों में कसमसाती है
मेरी बहार ज़िन्दगी के ग़ुलशन में
फूल की पंखुरी पे सो जाती है।

*

जब कभी चाँद घटाओं से लिपट जाता है
इक हसीं ख़्वाब निगाहों में सिमट जाता है,
और फूलों से भरी शाख़ लचकती है कोई
मुझको उस वक़्त तुम्हारा ही खयाल आता है।

*

5. प्यार का उपहार ले लो

प्यार का उपहार ले लो आज तुम संसार ले लो।
मंज़िलों के पार चल दो, राह का आधार ले लो।

मेघ मालायें गगन में झूमतीं उन्मत्त हो कर।
पर्वतों को चूमतीं हैं, बिजलियाँ उन्मुक्त हो कर।
तृप्त कर लो कामनायें, स्वाति की रस धार ले लो।
प्यार का उपहार ले लो, आज तुम संसार ले लो।

दाँत में उंगली दबा कर, तुम लजा कर मुस्कुरा दो।
यामिनी है मधु मिलन की, आज अवगुंठन हटा दो।
मांग में तारे सजा लो, सोलहो सिंगार ले लो।
प्यार का उपहार ले लो, आज तुम संसार ले लो।

आज आखिर सत्य होगा, वह मधुर सुकुमार सपना।
मुक्त कर लो आज सारे बंधनों से प्यार अपना।
तोड़ दो सीमा क्षितिज की, गगन का विस्तार ले लो।
प्यार का उपहार ले लो, आज तुम संसार ले लो।

*

स्वाति - एक नक्षत्र जिसके दौरान चातक चिड़िया की प्यास बुझती है; यामिनी - रात;
अवगुंठन - घूंघट; सुकुमार - कोमल

मुक्तक

कभी लगता है ऐसी हो, कभी लगता है वैसी हो
बहारें पूंछती हैं, तुम कहाँ रहती हो, कैसी हो?
तुम ऐसा खूबसूरत राज़ हो, जो जानता हूँ मैं
मेरे नग़मों में रहती हो, तुम अपनी नज़्म जैसी हो।

*

मेरे ख़्वाबों की दास्तानों में
बे जुबाँ इश्क की ज़ुबानों में
तुझको पहचानना नहीं मुश्किल
रोज़ दिखती है आसमानों में।

*

नग़मा – गीत; नज़्म – कविता

6. मधुर मधुर मुस्कान

उतर कर अम्बर से अनजान, पहन कर तारों का परिधान,
तुम्हारे होंठों पर खिल गई, तुम्हारी मधुर मधुर मुस्कान।

एक विद्युत सी चमकी आज, रूप की गागर छलकी आज।
एक अपने मधुकर के लिए, कली जूही की महकी आज।
निछावर मधुऋतु पर मधुमास, प्यार का सिर्फ़ प्यार प्रतिदान।
तुम्हारी मधुर मधुर मुस्कान।

कसमसाते धरती के अंग, आज बिखरा दो अपने रंग।
बरस जाओ बन कर बरसात, साँवले बादल के संग संग।
सुलगती साँसों का सन्देश, अधखुली आँखों का आह्वान।
तुम्हारी मधुर मधुर मुस्कान।

सृजन का यह शाश्वत संगीत, तुम्हारे लिए तुम्हारा गीत।
समर्पित सत्य समर्पित स्वप्न, तुम्ही को मेरे मन के मीत।
तुम्हारा है सारा आकाश, संजो कर रखना यह वरदान।
तुम्हारी मधुर मधुर मुस्कान।

*

परिधान – कपड़ा; विद्युत - बिजली; मधुकर - भँवरा; प्रतिदान – आदान-प्रदान

7. दास्ताने-इश्क

एक बार चाँद ने चाँदनी को थाम कर,
पर्वतों की ओट से, बादलों से झाँक कर,

यह कहा, कि तू मेरी शख्शियत का है निशाँ,
मेरी आतिशे वजूद, मेरी राह की शमा।

तू कहाँ से आयी है, इस क़दर हसीन है,
तू है रौनक़े चमन, मस्त नाज़नीन है।

मैं तो अपने आप में, सिर्फ़ इक सवाल हूँ,
ढल सका न गीत में, अदना सा ख़याल हूँ।

घूमता हूँ बेसबब, कोई जुस्तजू नहीं,
मेरी ज़िंदगी को अब, कोई आरज़ू नहीं।

बुझ गयी वह आग हूँ, किस क़दर वीरान हूँ,
पत्थरों का ढेर हूँ, एक रेगिस्तान हूँ।

चांदनी सिहर गयी, लाज से सिमट गयी,
और कसमसा के तब चाँद से लिपट गयी।

फिर कहा, "अज़ल से है, तेरा मेरा सिलसिला,
मैं तेरे क़रीब हूँ, ज़िंदगी से क्यों गिला?

ओट – घूँघट, आड़; आतिश – आग; वजूद – अस्तित्व;
आतिशे वजूद – अस्तित्व की चमक; अज़ल – सृष्टि का आरम्भ;

आयी आफ़ताब से, नूरे-माहताब हूँ,
तेरे हर सवाल का, एक मैं जवाब हूँ।

तू है मेरा आशियाँ, तू मेरा जहान है,
तू कहीं हो कुछ भी हो, चाँदनी का चाँद है।"

प्यार का उफ़ान फिर दोनों के दिल में उठा,
चाँदनी की ज्योति से चाँद जगमगा उठा।

बस यही है इश्क की मुख़्तसर सी दास्ताँ,
यह है हसरते-ज़मीं, यह है रश्के-आस्माँ।

*

आफ़ताब – सूरज; नूरे-माहताब – चाँद की ज्योति; आशियाँ – घर; मुख़्तसर – संक्षिप्त;
रश्क - ईर्ष्या

रूठ जाओ तो कोई बात नहीं
मान जाना मगर मनाने से।
मेरी आँखों का ख़्वाब बन जाओ
माँग लूँगा तुम्हे ज़माने से।

*

कुंठित पीड़ा की सरिता
नयनों से बहती कविता।

*

8. बिखरते नाते

आज मैं कितना अकेला, ज़िन्दगी के मोड़ पर।
प्यार का नाता हमारा, चल दिए तुम तोड़ कर।

बुझ गयी हैं दीपिकाएं, ज्योत्सना की ज्योति मद्धम।
चाँद कुम्हलाया गगन में, तारिकाओं के नयन नम।
सूर्य की दुलहन चली किसकी चुनरिया ओढ़ कर।
प्यार का नाता हमारा, चल दिए तुम तोड़ कर।

क्लांत कुंठित कामनायें, विरहिणी व्याकुल अकेली।
समय की गहराइयों में खो गयी आशा नवेली।
तोड़ देता है समय, सम्बन्ध कितने जोड़ कर।
प्यार का नाता हमारा, चल दिए तुम तोड़ कर।

संग छूटा, साथ टूटा, साथ का विश्वास टूटा।
प्यार की अभिव्यक्ति मिथ्या, रूह का एहसास झूठा।
गाँठ लग सकती नहीं, झूठे दिलों की डोर पर।
प्यार का नाता हमारा, चल दिए तुम तोड़ कर।

ज़िन्दगी तनहाइयों में सिमट कर खो जायेगी।
यह सुबह भी रात के आगोश में सो जायेगी।
अंत का आरम्भ है, प्रारम्भ के इस छोर पर।
प्यार का नाता हमारा, चल दिए तुम तोड़ कर।

मद्धम – कम; क्लांत – थका हुई; कुंठित – अटकी हुई; आग़ाज़ - प्रारम्भ

जो कभी हमने लिखी थी वक़्त के आग़ाज़ में।
जो कभी तुमने कही थी कांपती आवाज़ में।
वह कथा अंजाम पर आयी कथानक छोड़ कर।
प्यार का नाता हमारा, चल दिए तुम तोड़ कर।

आज मैं कितना अकेला, ज़िन्दगी के मोड़ पर।
प्यार का नाता हमारा, चल दिए तुम तोड़ कर।

*

कथानक - कहानी का सारांश;

9. मुखौटे

What's there in a name! A rose by any other name will smell as good. ~ Shakespeare

शेक्सपियर ने कभी कहा था किसी नाम में क्या रखा है!
चाहे कुछ हो नाम, फूल तो वैसे ही महका करता है।

एक निरर्थक नाम न जाने क्यों मनुष्य से जुड़ जाता है।
और उसी बंधन में सीमित हर व्यक्तित्व जकड़ जाता है।

इसीलिये तो चिता जला दी मैंने आज नाम की अपने।
और साथ में भस्म कर दिये झूठमूठ के सुन्दर सपने।

एक नाम नीरस साधारण, कहीं धूल में बिखर गया है।
अब उसका क्या शोक मनाना, एक बोझ था उतर गया है।

फिर भी मन की गहराई में एक चुभन होती रहती है।
चिंगारी बुझ जाने पर भी राख सुलगती ही रहती है।

था तो केवल एक मुखौटा, फिर भी अपना सा लगता था।
एक झूठ था, फिर भी प्रिय था, जो भी था अच्छा लगता था।

झूठ अगर मीठा होता है तो कुछ सच्चा सा लगता है।
फिर मन का विश्वास उसी पर सच का रंग सजा देता है।

नन्हे मुन्ने शिशु सा कोमल, एक नाम, शब्दों में सीमित।
एक व्यथित व्यक्तित्व संभाले, स्मृतियों से बोझिल पीड़ित।

सीमित होकर भी असीम था, चिरपरिचित फिर भी रहस्यमय।
कोमल था लेकिन सशक्त था, अपराजित, अजेय, मृत्युंजय।

था प्रतीक मेरे अतीत का, मेरे वर्तमान का सम्बल।
जो मेरा अस्तित्व चिह्न था, संग संग चलता था प्रतिपल।

मैं नश्वर हूँ, नाम अनश्वर जो मेरा वरदान बन गया।
था तो केवल एक मुखौटा, पर मेरी पहचान बन गया।

नाम जल गया, स्वप्न जल गये एक और इतिहास जल गया।
एक मधुर अनुभूति मिट गयी, रूहानी एहसास जल गया।

धरती से मिट गया नाम, पर इन्द्र धनुष के पार रहेगा।
धरती नहीं, गगन पर उसको जीवन का आधार मिलेगा।

पर जीवन की क्या परिभाषा, सपनों में पलता रहता है।
बस भविष्य है जो अतीत के साँचे में ढलता रहता है।

जीवन अपनी परिभाषा है, परिभाषा का परिभाष्य नहीं।
इसका भविष्य है निराकार यदि सपनो में सामर्थ्य नहीं।

यदि इतिहास हो गया दूषित, तो भविष्य का रूप संवारो।
जो अतीत है वह मिथ्या है जो सम्मुख है उसे निहारो।

जीवन...परिभाष्य नहीं : जीवन परिभाषा के परे है

लेकिन यह सब तर्क वितर्की बातें हैं, बातों का क्या है।
स्वप्न सत्य हैं, सत्य मुखौटे, हर असत्य में सत्य छिपा है।

एक मुखौटा उतर गया है, एक मुखौटा लगा लिया है।
जाने क्या था असली चेहरा, अब तो सब कुछ भुला दिया है।

यह संसार मुखौटों का है, नित्य नया मुखड़ा बदलेगा।
जहां प्यार ही हो क्षणभंगुर, वहाँ कहाँ विश्वास पलेगा।

सबके मुख पर कई मुखौटे, सत्य रूप किसने देखा है।
शेक्सपियर ने ठीक लिखा था, भला नाम में क्या रखा है।

*

10. दर्द के दायरे

दर्द के दायरे,
उभरते हैं, फैलते हैं,
फिर,
डूब जाते हैं
मन की गहराइयों में ।

कोमलतम भावों पर,
कठोरतम
आघात,
करते हैं
निकटतम लोग ।
पीड़ा के नए आयाम ।

ऐसे में
याद आते हैं
बीते हुए लम्हें,
मरमरी बाहों के घेरे
घनेरी जुल्फ के साये ।

तब,
जगती है,
ज़िन्दगी पर,
एक नयी आस्था ।
किसका गिला ?
किसका शिकवा ?
डूबती हुई

कामना को
काफ़ी है,
तिनके का सहारा ।

*

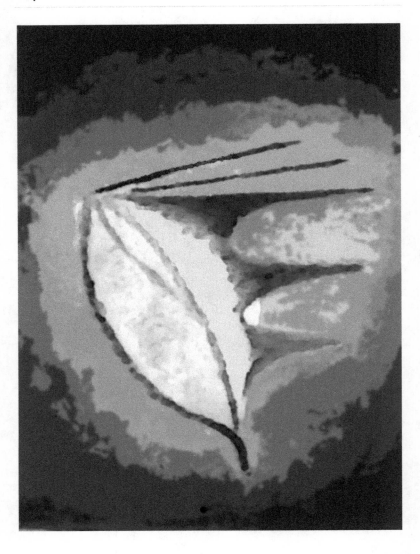

11. वेदना गीत

मेरी व्यथा, वेदना मेरी।
यह अनुभूति, चेतना मेरी।

मेरी क्षत विक्षत आकांक्षा
मेरी अनपूरी अभिलाषा।
एक स्वाति की राह तक रही
मेरी मूक अतृप्त पिपासा।

अम्बर से न धरा पर उतरी
जीवन ज्योति ज्योत्सना मेरी।
मेरी व्यथा, वेदना मेरी।
यह अनुभूति, चेतना मेरी।

खोज रहीं खोयी मधुऋतु को
मेरी ये रेतीली राहें।
अपने ही टूटे सपनों से
बोझिल ये वीरान निगाहें।

मेरे मधुवन की मरीचिका
मेरी प्रीति, प्रेरणा मेरी।
मेरी व्यथा, वेदना मेरी।
यह अनुभूति, चेतना मेरी।

क्षत – पीड़ित; विक्षत – टूटा हुआ, घायल; स्वाति - एक नक्षत्र जिसके दौरान चातक
चिड़िया की प्यास बुझती है;

युगों युगों से भटक रहा है
मेरा   शाश्वत   एकाकीपन।
धीरे   धीरे   उठा   रहा   हूँ
अपनी   पीड़ा   का   अवगुंठन।

अपनी सीमाओं में कुंठित
मेरी   चाह,   कामना   मेरी।
मेरी   व्यथा,   वेदना   मेरी।
यह अनुभूति, चेतना मेरी।

*

अवगुंठन - घूंघट

12. मैं ज़िन्दा रहूँगा

आज मैंने देख ली है
कशमकश की इन्तहा,
नाक़ामयाबी का तमाशा,
छह महीने की अमावस।
आज मैं
ग़म के समुन्दर की तली से
ज़ोर से टकरा गया हूँ।
सोचता हूँ,
अब कहाँ से आएगीं गहराइयाँ,
जिनमें
हिमालय का अहम् भी डूब जाए?
इसलिए मैं,
चोट खाया सर उठा कर,
मौत को ललकारता हूँ।
आज से मैं
तल्ख़ियों के ज़ोर पर
ज़िन्दा रहूँगा।

*

तल्ख़ियों – कड़वाहट

13. कोलाहल

यह कैसा अजीब कोलाहल,
यह कैसा विस्फोट भयंकर,
क्यों विचलित हो गया अचानक
शांत संतुलित मानसरोवर।

किसी हिमालय की पीड़ा से,
द्रवित, व्यथित, उद्वेलित, व्याकुल,
सागर का विराट वक्षस्थल।

युगों युगों की रेगिस्तानी,
मेरी आँखों में भर आया,
आज कहाँ से खारापानी?
अंतरतम की गहराई में,
कैसी एक चुभन अनजानी।

बहुत दिनों की भूली बिसरी,
शायद कोई याद तुम्हारी,
दूर क्षितिज के पार कहीं से,
नीलकमल के नीलांचल से,
आकर उतरी मेरे मन में।
बिखर गयी है, भटक गयी है,
इस निर्जन, वीराने वन में।
फिर से उसे संजोकर रख लें,
आज तुम्हारे ही मधुवन में।

*

14. मेरे सपनों

ओ मेरे युग-युग के साथी
मेरे सपनो।
कभी मौन,
अति मुखर कभी तुम।
तुम मेरे अतीत की छाया,
मेरे सूनेपन के दर्पण।
मेरे कुंठित जीवनक्रम में
परिवर्तन की मरीचिका तुम।

नित नूतन सिंगार सजा कर,
नये दिनों के वादे लाकर,
मध्य-रात्रि की तनहाई में,
तुम मुझको बहलाने आते।
जैसे बीते दिन की संध्या,
नई सुबह का भेष बदल कर,
रोज़ मुझे छलने आती है।

अपनी यह गतिहीन ज़िन्दगी,
मैं भी अब पहचान गया हूँ।
तुम से कोई गिला नहीं है,
मेरे अपनो।
शुन्य-सुशोभित,
मेरे सपनो।

*

मुक्तक

कैसे स्वप्न उभर आए हैं
मेरी इन जागृत आँखों में।
आज मुझे लगता है, सारी
दुनिया मुझे प्यार करती है।

*

भीड़ में खोई हुई तनहाइयाँ।
रात में भटकी हुई परछाइयाँ।
ढूँढते हैं अब नए आकाश को
शून्य में बहती हुई ऊँचाइयाँ।

*

15. मेरे मधुवन

दूर क्षितिज के पीछे से फिर, तुमने मुझको आज पुकारा।
तुमको खो कर भी मैंने सँजो रखा है प्यार तुम्हारा।

एक सफ़ेद रात की छाया, अंकित है स्मृति में मेरी।
तारों का सिंगार सजाए, मधुऋतु थी बाहों में मेरी।

संगमरमरी चट्टानों के, बीच बह रही वह जलधारा।
जैसे चंदा के आंचल से, ढुलक रहा हो रूप तुम्हारा।

नदिया की चंचल लहरों संग, मचल मचल कर उठती गिरती।
हम दोनों के अरमानों की, बहती थी कागज़ की किश्ती।

छूकर बिखरे बाल तुम्हारे, मस्त हो गया था बयार भी।
सारी मर्यादाएं भूला, मेरा पहला पहल प्यार भी।

और तुम्हारे अधरों का तो ताप न भूलेगा जीवन भर।
जब मेरे क्वाँरे सपनों ने उड़ उड़ कर चूमा था अंबर।

तभी अचानक हम दोनों की राह रोक ली चट्टानों ने।
अपनी कागज की किश्ती को डूबो दिया कुछ तूफानों ने।

इन मासूम तमन्नाओं पर तब यथार्थ की बिजली चमकी।
और छलछला उठीं तुम्हारी आँखों में बूंदें शबनम की।

उस शबनम की एक बूँद, अब मेरी आँखों में रहती है।
मूक व्यथा अनकही कथा की, मेरे गीतों में सजती है।

रूढिवादिता के अंकुश में, युगों युगों से जकड़ा जीवन।
दकियानूसी वैचारिकता, में कुंठित है मानव का मन।

जाने कितनी और किश्तियाँ, डूबी होंगी तूफानों में।
कितनी राहों की आकांक्षा, टूटी होंगी चट्टानों में ।

नहीं झुकेंगी ये चट्टानें, विनती से या मनुहारों से।
राह नहीं देते हैं पर्वत, खुशामदों से इसरारों से।

पतझर के बंधन में बंधक, मधुऋतु के कितने सुख सपने।
राह पतझरी, मरुस्थली पर, कोई कली न पाती खिलने।

किन्तु एक दिन तो बरसेगा, आँगन में मनभावन सावन।
पुष्पित और पल्लवित होगा, सुन्दर सुख सपनो का मधुवन।

चलो समय के साथ चलेंगे, परिवर्तन होगा धरती पर।
नया ज़माना पैदा होगा, बूढ़ी दुनिया की अरथी पर।

जो कुछ हम पर बीत चुकी है, उस से मुक्त रहो, ओ नवयुग।
नए नए फूलों से महको, मेरे मधुवन, जीयो जुग जुग।

*

बंधक – बधा हुआ, गिरवी; इसरारों – आग्रहों

16. आग़ाज़ नहीं, अंजाम नहीं

मैं निगाहों से उसे प्यार किया करता हूँ।
सिर्फ जज़्बात का इज़हार किया करता हूँ।
चाँदनी खुद मेरी बाहों में पिघल जाती है
मैं तो बस चाँद का दीदार किया करता हूँ।

प्यार बन कर के निगाहों में निखर जाता हूँ।
अश्क बन कर ग़ुल-ए-आरिज़ पे सँवर जाता हूँ।
एक मीठी सी नज़र जब भी मुझे छूती है
मैं किसी ख़्वाब के मानिंद बिखर जाता हूँ।

जाने किस ओर से आया हूँ, किधर जाता हूँ।
क़हकशाँ साथ में चलती है जिधर जाता हूँ।
अपनी धुन में ही मगन चलता ही रहता हूँ मगर
कोई पीछे से पुकारे तो ठहर जाता हूँ।

मैं ज़माने में ज़माने से जुदा रहता हूँ।
चंद यादों के धुंधलके में छुपा रहता हूँ।
इक समुन्दर की लहर कब से बुलाती है मुझे
एक पर्वत सा मैं चुपचाप खड़ा रहता हूँ।

एक एहसास है, सीने में लिये फिरता हूँ।
एक आवाज़ हैं, हर वक़्त सुना करता हूँ।
वह तो बिजली की तरह सिर्फ घड़ी भर चमकी

आग़ाज़ – आरम्भ; गुल-ए-आरिज़ – गाल का फूल; मानिंद – जैसा;
क़हकशाँ – आकाश गंगा

मैं उस आग में दिन रात जला करता हूँ।

मुझको यह शौक़ है, मैं यूं ही जिया करता हूँ।
प्यार रस्ते से है, मैं यूं ही चला करता हूँ।
कोई आग़ाज़ नहीं, कोई भी अंजाम नहीं
मैं बस इस पार से उस पार बहा करता हूँ।

*

17. यादगारों के साये

जब कभी तेरी याद आती है
चाँदनी में नहा के आती है।
भीग जाते हैं आँख में सपने
शब में शबनम बहा के आती है।

मेरी तनहाई के तसव्वुर में
तेरी तसवीर उभर आती है।
तू नहीं है तो तेरी याद सही
ज़िन्दगी कुछ तो संवर जाती है।

जब बहारों का ज़िक्र आता है
मेरे माज़ी की दास्तानों में,
तब तेरे फूल से तबस्सुम का
रंग भरता है आसमानों में।

तू कहीं दूर उफ़क से चल कर
मेरे ख़्यालों में उतर आती है।
मेरे वीरान बियाबानों में
प्यार बन कर के बिखर जाती है।

तू किसी पंखरी के दामन पर
ओस की तरह झिलमिलाती है।

शब – रात; शबनम – ओस; तसव्वुर – विचार, कल्पना;
माज़ी – बीता हुआ समय, अतीत; तबस्सुम – मुस्कान; उफ़क़ – क्षितिज

मेरी रातों की हसरतें बन कर
तू सितारों में टिमटिमाती है।

वक़्ते रुख़सत की बेबसी ऐसी
आँख से आरज़ू अयाँ न हुई।
दिल से आई थी बात होठों तक
बेज़ुबानी मगर ज़ुबाँ न हुई।

एक लमहे के दर्द को लेकर
कितनी सदियां उदास रहती हैं।
दूरियाँ जो कभी नहीं मिटतीं
मेरी मंज़िल के पास रहती हैं।

रात आई तो बेकली लेकर
सहर आई तो बेक़रार आई।
चन्द उलझे हुये से अफ़साने
ज़िन्दगी और कुछ नहीं लाई।

चश्मे पुरनम बही, बही, न बही।
ज़िन्दगी है, रही, रही, न रही।
तुम तो कह दो जो तुमको कहना था
मेरा क्या है, कही, कही, न कही।

*

वक़्ते-रुख़सत – विदाई के समय; अयाँ – अभिव्यक्त; चश्मे पुरनम – भीगी हुई आँखें

मुक्तक

आज न जाने किस बदली ने
इस मरुथल पर वर्षा कर दी,
इतने फूल कहां से लाई
युगों युगों की बंझा धरती।

*

बदली - छोटा बादल; मरुथल - रेगिस्तान;

मुक्तक

वो खुशी जो कहीं नहीं हासिल।
जो मुअस्सर नहीं ज़माने में।
ख़्वाबगाहों से चल के आएगी
ख़ुदबख़ुद तेरे आशियाने में।

*

मुअस्सर – प्राप्त करने योग्य; ख्वाबगाहों - सपनों की जगह;

मुक्तक

आसान हो गए हैं मंज़िल के रास्ते अब
तनहाइयों में कोई मेरे साथ चल रहा है।

*

18. लो तुम्हारे पास आए

मौन एकाकी क्षणों की वेदना मन में छिपाये।
ये भटकते गीत मेरे, लो तुम्हारे पास आये।

नील-नयनी, नव कमलिनी, तुम बहारों की कहानी।
तुम स्वयं साकार कविता, कल्पना मेरी सुहानी।
आज खोलो द्वार, देखो, आ गया मैं बिन बुलाये।
ये भटकते गीत मेरे, लो तुम्हारे पास आये।

तुम सुरूपा, मूर्तरूपा, प्रीति की प्रत्यक्ष प्रतिमा।
आज बिखरा दो क्षितिज पर, सांझ की अनुपम अरुणिमा।
आज हम तुम हाथ थामे, इस सफ़र पर साथ आये।
ये भटकते गीत मेरे, लो तुम्हारे पास आये।

मैं अँधेरों से निकल कर, ढूँढ लाऊँगा उजाले।
मृत्यु पर भी हो विजयिनी, ज्योति यह अमरत्व पा ले।
तुम खड़ी हो राह में, विश्वास के दीपक जलाये।
ये भटकते गीत मेरे, लो तुम्हारे पास आये।

*

मूर्तरूपा – रूप जो साकार हो गया

मुक्तक

चंद ख़्वाबों में गुज़र जाती है, बस रात की रात।
एक मीठी सी कहानी है, उसी रात की बात।
चाँदनी जब मेरे आँगन में उतर आती है
गुदगुदाती है ख्यालों को बिना बात की बात।

*

मिलते तो हैं वो अक्सर, कुछ बात नहीं होती
बादल तो उमड़ते हैं, बरसात नहीं होती।

*

तेरी आवाज़ जब नहीं आती
उस सवेरे, सुबह नहीं आती।

*

मुक्तक

दर्द जब आँसुओं में ढल जाए
मेरी आँखों में आके बह जाना।
भूल कर कशमकश ज़माने की
मेरी बाहों में आके रह जाना।

*

तुम्हारी आँखों का वह प्रश्न
तुम्हारी पीड़ा का आभास,
मौन है धरा, मौन है क्षितिज
निरुत्तर है सारा आकाश।

*

19. मधुर स्वप्न अपने

मधुर प्रीति के ये मधुर स्वप्न अपने
अधूरे रहेंगे तड़पते रहेंगे।
न सच हो सकेंगे, न मिट ही सकेंगे
इन्हीं वादियों में भटकते रहेंगे।

हमे प्यार में वेदना ही मिली है
विरह ही हमारे प्रणय की कहानी
व्यथित भावनायें, विकल कामनायें
विवश कल्पना की कसकती कहानी।

इसी टूटती प्रेरणा के सहारे
बहुत दूर तक साथ चलते रहेंगे।
मधुर स्वप्न अपने भटकते रहेंगे।

किसी एक विश्वास की ज्योति मन में
लिये झिलमिलाती रहीं तारिकायें।
किसी के लिये आग लेकर हृदय में
सुलगती रहीं रात भर दीपिकायें।

इसी चाह में प्यार के फूल अपनें
बिखरते रहेंगे, महकते रहेंगे।
मधुर स्वप्न अपने भटकते रहेंगे।

_____

प्रणय – प्रेम

अथक साँस चलती रही ज़िन्दगी भर
मिलन की मधुर यामिनी मिल न पाई।
किसी की तरफ आँख उठ तो गई
किन्तु भीगी, लजीली पलक खुल न पाई।

कही अनकही खो गई आंसुओं में
न बह पायेंगे जो न रुक ही सकेंगे।
मधुर स्वप्न अपने भटकते रहेंगे।

*

यामिनी – रात

मुक्तक

पूछ कर देख लो बहारों से,
रात के दूधिया नज़ारों से,
चांदनी हो, कि क़हकशाँ हो तुम
पूछ लो चांद से, सितारों से।

*

मुझको महसूस करो प्यार की चाहत की तरह।
ढूँढ लो मुझको किसी दर्द की राहत की तरह।
तुम मेरी राह तको रात की तनहाई में
मैं चला आऊँगा दूर की आहट की तरह।

*

दूधिया – दूध समान; क़हकशाँ – आकाश गंगा

20. प्रणय गीत

मैं तुम्हारे प्रणय का विश्वास हूँ।
अंत में आरम्भ का आभास हूँ।
तुम मुझे छू लो क्षितिज के छोर पर
मैं तुम्हारी सृष्टि का आकाश हूँ।

मैं तुम्हारे प्रणय का परिणीत हूँ।
गुनगुना लो, मैं तुम्हारा गीत हूँ।
इस जनम में, उस जनम में, हर जनम
एक युग से मैं तुम्हारा मीत हूँ।

मैं तुम्हारे प्रणय का अभिसार हूँ।
मैं तुम्हारा तुम्ही को उपहार हूँ।
देख लो अपने हृदय में झाँक कर
मैं तुम्ही में हूँ, तुम्हारा प्यार हूँ।

मैं तुम्हारे प्रणय की पहचान हूँ।
प्रेम को पूर्णत्व का वरदान हूँ।
तुम मुझे अनुभव करो हर रूप में
आँसुओं की धार हूँ, मुस्कान हूँ।

मैं तुम्हारे प्रणय का ही तथ्य हूँ।
एक कोमल कल्पना का कथ्य हूँ।

प्रणय – प्रेम; परिणीत – जिससे प्रेम किया गया हो; अभिसार – प्रेम की क्रीड़ा
तथ्य – सच्चाई; कथ्य – कथा का सार;

अंजुरी में फूल सा भर लो मुझे
मैं तुम्हारी अर्चना का अर्घ्य हूँ।

मैं तुम्हारे प्रणय का नक्षत्र हूँ।
प्रज्ज्वलित, पावन, पुनीत, पवित्र हूँ।
देख लो मुझको कहीं भी पंथ पर
यत्र हूँ, मैं तत्र हूँ, सर्वत्र हूँ।

मैं तुम्हारे प्रणय की अभिव्यक्ति हूँ।
मूक नयनों की मुखर अनुरक्ति हूँ।
सत्य तो यह है, कि मैं कुछ भी नहीं
बस तुम्हारी चेतना की शक्ति हूँ।

*

अर्घ्य – पूजा करने के लिए जल फूल इत्यादि;
यत्र – यहाँ; तत्र – वहाँ; सर्वत्र – सब जगह; अनुरक्ति – लगाव, प्रेम

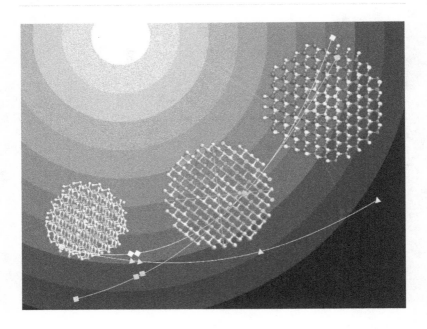

मुक्तक

डूब कर देखो ये है गंगा गणित विज्ञान की।
ये परम आनंद है वाणी स्वयं भगवान की।

*

21. जीवन दीप

मेरा एक दीप जलता है।
अंधियारों में प्रखर, प्रज्ज्वलित,
तूफानों में अचल, अविचलित,
यह दीपक अविजित, अपराजित।
मेरे मन का ज्योतिपुंज,
जो जग को ज्योतिर्मय करता है।
मेरा एक दीप जलता है।

सूर्य किरण जल की बूँदों से
छन कर इन्द्रधनुष बन जाती,
वही किरण धरती पर कितने,
रंग बिरंगे फूल खिलाती।
ये कितनी विभिन्न घटनायें,
पर दोनों में निहित
प्रकृति का नियम एक है,
जो अटूट है।
इस पर अडिग आस्था मुझको,
जो विज्ञान मुझे जीवन में,
पग पग पर प्रेरित करता है।
मेरा एक दीप जलता है।

यह विशाल ब्रह्मांड,
यहाँ मैं लघु हूँ,
लेकिन हीन नहीं हूँ।

अविजित – जिसपर किसी की विजय नहीं हुई

मैं पदार्थ हूँ,
ऊर्जा का भौतिकीकरण हूँ।
नश्वर हूँ,
पर क्षीण नहीं हूँ।
मैं हूँ अपना अहम्,
शक्ति का अमिट स्रोत, जो
न्यूटन के सिद्धान्त सरीखा,
परम सत्य है,
सुन्दर है, शिव है, शाश्वत है।
मेरा यह विश्वास निरन्तर,
मेरे मानस में पलता है।
मेरा एक दीप जलता है।

*

भाग 2 :
कुछ भरोसा तो है उजालों पर (ग़ज़लें)

22. मुझको तनहाई की रातों में सहारा होता

मुझको तनहाई की रातों में सहारा होता
मेरे ख़्वाबों में अगर ख़्वाब तुम्हारा होता।

मेरे अफ़साने में गर मोड़ कोई आ जाता
मेरे आग़ाज़ को अंजाम गवारा होता।

ख़ुद-ब-ख़ुद ही मुझे जीने का शऊर आ जाता
मेरी दुनिया को अगर तुमने सँवारा होता।

ज़िन्दगी कटती मुसीबत में मगर कट जाती
चाहे ग़रदिश में सही, कोई सितारा होता।

भीड़ इतनी है मगर फिर भी अकेले सब हैं
कौन होता है किसी का जो हमारा होता।

अपने माज़ी से बड़ी दूर चला आया हूँ
काश पीछे से किसी ने तो पुकारा होता।

*

शऊर – ढंग, तरीका; माज़ी – बीता हुआ समय, अतीत

23. सांस ये उम्र भर तो चलनी थी

सांस ये उम्र भर तो चलनी थी
ये शमा रात भर तो जलनी थी।

जिसके काँटों में उलझा था दामन
वह गुलाबों की एक टहनी थी।

जिसके ख़्वाबों में रात कटती है
ज़िन्दगी उसके साथ कटनी थी।

एक हसरत जो आँख से छलकी
दिल की गहराइयों में रहनी थी।

वह मुख़ातिब कभी हुए ही नहीं
एक नाज़ुक सी बात कहनी थी।

जिसको हम लोग जी नहीं पाए
वह कहानी तुम्ही से सुननी थी।

कल हक़ीक़त थी, आज अफ़साना
बात बस बात है, बदलनी थी।

*

मुख़ातिब – किसी की ओर मुँह करके बात करना, सुनना, उसके लिए तैयार होना

24. एक उदास शाम और तनहाई

एक उदास शाम और तनहाई
मेरे गुलशन में यों बहार आई।

टूट जाती हैं जब तमन्नायें
साथ देती नहीं है परछाई।

नींद आने लगी ज़माने को
किस ने ली कसमसा के अंगड़ाई।

ज़िन्दगी लमहा लमहा मिलती है
मौत आई तो यकबयक आई।

बेज़ुबानी में दास्ताने हैं
दास्तानों में सिर्फ़ रुसवाई।

फिर से काली घटा के साये हैं
आज की शब भी बेकरार आई।

खो गये आसमान के तारे
अब जो आई सहर तो क्या आई।

जब भी डूबे हैं, पा गये साहिल
चश्मेतर की अजीब गहराई।

शब – रात; सहर – सुबह; साहिल – किनारा;

चन्द उलझे हुये से अफ़साने
ज़िन्दगी और कुछ नहीं लाई।

*

25. शबे फ़िराक़ है और मुस्कुराये बैठे हैं

शबे फ़िराक़ है और मुस्कुराये बैठे हैं
किसी की याद की शम्मा जलाये बैठे हैं।

कहाँ ये वक़्त, जो बढ़ता ही चला जाता है
कहाँ ये हम कि जहाँ पर थे वहीं बैठे हैं।

हमें अभी भी उन्ही का ख़याल आता है
बहुत दिनों से जो हमको भुलाये बैठे हैं।

हमें खबर है कि इसकी दवा नहीं कोई
मगर ये दर्द गले से लगाए बैठे हैं।

ये नज़्म उसकी है, इस पर उसी के साये हैं
कि जिसके प्यार की हम लौ लगाए बैठे हैं।

*

शबे फ़िराक – विरह की रात; नज़्म – कविता

26. बेकली महसूस हो तो

इशरते क़तरा है दरिया में फ़ना हो जाना
दर्द का हद से गुज़रना है दवा हो जाना।
(ग़ालिब)

*

बेकली महसूस हो तो गुनगुना कर देखिये।
दर्द जब हद से बढ़े तब मुस्कुरा कर देखिये।

रूठते हैं लोग बस मनुहार पाने के लिए
लौट आएगा, उसे फिर से बुला कर देखिये।

आपकी ही याद में शायद वह हो खोया हुआ
पास ही होगा कहीं, आवाज़ देकर देखिये।

हारती है बस मोहब्बत ही खुदी के खेल में
हार कर अपनी खुदी, उसको जिता कर देखिये।

क्या खबर किस ख़्वाब में वह चाँद बन कर आयेगा
ख़्वाबगाहों को सितारों से सजा कर देखिये।

उसके दिल में भी वही ज़ज़्बा जगेगा एक दिन
उसके आँसू अपनी आँखों से बहा कर देखिये।

वक़्त बदलेगा, नई तारीख लिक्खी जायेगी
आप अपने हौसलों को आज़मा कर देखिये।

इशरत : आनन्द, सुख; क़तरा : बूँद; दरिया : नदी; फ़ना : मृत्यु, नष्ट

आपने देखा तो है लेकिन उसे जाना नहीं
आज उसको आइने के पास जाकर देखिये।

आपकी आवाज़ से दुनिया बदल सकती तो है
दिल में जो नग़मा सुलगता है, सुना कर देखिये।

जो इमारत खोखली है, वह तो टूटेगी कभी
हो अगर हिम्मत तो नींवों को हिला कर देखिये।

रोशनी आने को एक दिन खुद-ब-खुद आ जायेगी
आज तो तारीक़ियों को ही जला कर देखिये।

दूरियाँ कितनी भी हों, उस तक पहुँचने के लिए
जो ज़रूरी है, क़दम पहला उठा कर देखिये।

*

27. मैंने जब जब तुम्हे बुलाया है

मैंने जब जब तुम्हे बुलाया है
तुमको अपने करीब पाया है।

अपनी पलकों में इसको पलने दो
यह जो नाज़ुक सा ख़्वाब आया है।

लौट आई है रात की रूठी
सुबह को शाम ने मनाया है।

मंज़िलें दूर होती जाती हैं
रास्ता किसको रास आया है।

जाते जाते जरा सा हँस करके
तुमने बेसाख़ता रुलाया है।

वक्त अब तो बदल ही जायेगा,
कल जो बीता था, आज आया है।

जिन्दगी इस तरह गुज़ारी है
जब भी टूटे हैं, मुस्कुराया है।

मेरे जज़बात, मेरी तनहाई
और जो भी है, वह पराया है।

बेसाख़ता – अत्यधिक

वह बहारों की इक कहानी है
मेरी नज़्मों पे जिसका साया है।

*

28. एक शिकवा है यह ज़माने से

एक शिकवा है यह ज़माने से
लोग डरते हैं मुस्कराने से।

सिर्फ उन्वान सा भटकता हूँ
छूट कर वक़्त के फ़साने से।

एक उम्मीद टूटती ही नहीं
ज़िन्दगी है इसी बहाने से।

लौट आयेंगे आसमानों से
प्यार इतना है आशियाने से।

आ गई रास ज़िन्दगी मुझको
तेरी दुनिया में आने जाने से।

कुछ भरोसा तो है उजालों पर
शमा जल जाती है जलाने से।

इम्तिहाँ और हैं तो और सही
मैं चमकता हूँ आज़माने से।

रास्ते पाँव थाम लेते हैं
मंज़िलों के करीब आने से।

उन्वान – शीर्षक; आशियाना – घर, घोंसला

बेकली है मगर घड़ी भर की
सो ही जाऊँगा नींद आने से।

यादगारों से नज़्म बनती है
दर्द घटता है गुनगुनाने से।

*

29. आम की याद आती रही साल भर

आपकी याद आती रही रात भर
चश्मेनम मुस्कुराती रही रात भर।
(मखदूम मोहिनुद्दीन की ग़ज़ल पर पैरोडी)

*

आम की याद आती रही साल भर
बस ख़िज़ाँ मुस्कुराती रही साल भर।

एक शायर बगीचों में भटका किया
एक बुलबुल चिढ़ाती रही साल भर।

आम आया गया, तू न आयी मगर
बस हवा सनसनाती रही साल भर।

एक चौसा के आरिज़, वो मीठी महक
कुछ कमी सी सताती रही साल भर।

लखनऊ का अज़ीज़ है सफेदा लज़ीज़
उसकी चर्चा ही चलती रही सालभर।

एक अल्फांजो, जिसपे हैं सब फ़िदा
उसको दुनिया बुलाती रही साल भर।

आम कहिये न इसको, ये तो ख़ास है
इससे जन्नत सँवरती रही साल भर।

लौट पायी नहीं मेरी वादे सबा
जोकि तुझको सजाती रही साल भर।

तेरी जैसी ही है छरहरी दश-हरी
बन के शीरीं लुभाती रही साल भर।

मैं यहां जंगलों में भटकता रहा
तू कहाँ ग़ुल खिलाती रही साल भर?

*

वादे सबा – सवेरे की हवा; छरहरी – दुबली पतली सुन्दर;
शीरीं – मिठास, प्रसिद्ध लोक कथा शीरीं-फ़रहाद की नायिका

भाग 3 :
मेरे मधुवन जीयो जुग जुग

30. एक विश्वास

तूलिका से बिखरते हुये
भयावह,
किन्तु
सौन्दर्य लिये सत्य का।
मानव की,
रक्त की
पिपासा के प्रतीक।
ये रंग
कितने निरीह,
कितने चुप,
किन्तु कितने वाचाल।
कब आयेगा
सपनो का सावन
जो आस्था के रंगो को
धो कर निखार दे।
कदाचित कभी नहीं।

किन्तु फिर भी,
विश्वास है,
एक दिन
किसी
मानवी की आँखों से
बहेगी
ममता की धारा,

उसमें बह जायेंगे

गुनाहों के दाग़।
उस दिन
संगीत के स्वरों में,
गीतों के बोलों मे,
मुखरित होगा
जीवन का संदेश
और तूलिका से
सृजित होगा
नूतन, नवल, इन्द्रधनुष।

*

31. बापू का सपना

आओ चलें साथ चलें, हम तुम सब साथ चलें।
बापू के भारत में, क़दमों से क़दम मिलें।
हम तुम सब साथ चलें।

भूख हो न रोग जहां, ऐसा संसार गढ़ें।
रोष हो न द्वेष जहां, आपस में प्यार बढ़े।

ज्योतिर्मय वसुधा हो, दीपों से दीप जलें।
हम तुम सब साथ चलें।

एक जाति, एक वर्ग, सबका भगवान एक।
एक देश, एक राष्ट्र, सबका ईमान एक।

सत्य हो अहिंसा हो, सच्चे आदर्श पलें।
हम तुम सब साथ चलें।

मानव में अल्ला है, मानव में ईश्वर है।
मानव में रघुपति हैं, मानव सर्वोपर है।

मानव का मान रहे, मानव में राम खिलें।
हम तुम सब साथ चलें।

ऐसी आज़ादी हो, जिसमें अनुशासन हो।
नारी का आदर हो, समुचित संरक्षण हो।

नारी के पूजन में, रमते देवता मिलें।
हम तुम सब साथ चलें।

वैज्ञानिक नवयुग में, भारत का गायन हो।
चंदा के आँगन में, अपना चंद्रायन हो।

तकनीकी राहों पर, नए नए चरण चलें।
हम तुम सब साथ चलें।

आज जो प्रदूषण है, मानव का घातक है।
एक एक पेड़ पुष्प, जन जन का रक्षक है।

शस्य श्याम धरती पर, नूतन कोंपलें खिलें।
हम तुम सब साथ चलें।

*

रमते देवता मिलें : मनुस्मृति के इस श्लोक से प्रेरित
यत्र नार्यस्तु पूज्यन्ते रमन्ते तत्र देवता:।
यत्रैतास्तु न पूज्यन्ते सर्वास्तत्राफला: क्रिया:।
अर्थात जहाँ नारी की पूजा होती है, वहाँ देवता रमण करते हैं (निवास करते हैं)। और
जहाँ इनकी पूजा नहीं होती (अनादर होता है), वहाँ सब कार्य निष्फल होते हैं।

32. प्रवासी गीत

चलो, घर चलें,
लौट चलें अब उस धरती पर;
जहाँ अभी तक बाट तक रही
ज्योतिहीन गीले नयनों से,
(जिनमें हैं भविष्य के सपने
कल के ही बीते सपनों से),
आँचल में मातृत्व समेटे,
माँ की क्षीण, टूटती काया।
वृद्ध पिता भी थका पराजित,
किन्तु प्रवासी पुत्र न आया।
साँसें भी बोझिल लगती हैं,
उस बूढ़ी दुर्बल छाती पर।
चलो, घर चलें,
लौट चलें अब उस धरती पर।

चलो, घर चलें,
लौट चलें अब उस धरती पर;
जहाँ बहन की कातर आँखें,
ताक रही हैं नीला अम्बर।
आँसू से मिट गई उसी की
सजी हुई अल्पना द्वार पर।
सूना रहा दूज का आसन,
चाँद सरीखा भाई न आया।
अपनी सीमाओं में बंदी,
एक प्रवासी लौट न पाया।

सूख गया रोचना हाँथ में,
बिखर गये चावल के दाने।
छोटी बहन उदास, रुँवासी,
भैया आये नहीं मनाने।
अब तो कितनी धूल जम गई
राखी की रेशम डोरी पर।
चलो, घर चलें,
लौट चलें अब उस धरती पर।

चलो, घर चलें,
लौट चलें अब उस धरती पर।
कितना विषम, विवश है जीवन!
रोज़गार के कितने बन्धन!
केवल एक पत्र आया है,
छोटा सा संदेश आया है,
बहुत व्यस्त हैं, आ न सकेंगे।
शायद अगले साल मिलेंगे।
एक वर्ष की और प्रतीक्षा,
ममता की यह विकट परीक्षा।
धीरे धीरे दिये बुझ रहे
हैं आशाओं की देहरी पर।
चलो, घर चलें,
लौट चलें अब उस धरती पर।

चलो, घर चलें,
लौट चलें अब उस धरती पर।

रोचना - लाल तिलक

अगला साल कहाँ आता है!
आखिर सब कुछ खो जाता है,
अन्तराल की गहराई में।
जीवन तो चलता रहता है,
भीड़ भाड़ की तनहाई में।
नई नई महिफ़िलें लगेंगी,
नये दोस्त अहबाब मिलेंगे।
इस मिथ्या माया नगरी में,
नये साज़ो-सामान सजेंगे।
लेकिन फिर वह बात न होगी,
जो अपने हैं, वह न रहेंगे।
घर का वह माहौल न होगा,
ये बीते क्षण मिल न सकेंगे।
वर्तमान तो जल जाता है
काल देवता की काठी पर।
चलो, घर चलें,
लौट चलें अब उस धरती पर।

चलो, घर चलें,
लौट चलें अब उस धरती पर।
जहाँ अभी भी प्यार मिलेगा,
रूठे तो मनुहार मिलेगा,
अपने सर की कसम मिलेगी,
नाज़ुक सा इसरार मिलेगा।
होली और दिवाली होगी,
राखी का त्योहार मिलेगा,

अहबाब – साथी; इसरार – आग्रह;

सावन की बौछार मिलेगी,
मधुरिम मेघ-मल्हार मिलेगा।
धुनक धुनक ढोलक की धुन पर,
कजरी का उपहार मिलेगा।
एक सरल संसार मिलेगा,
एक ठोस आधार मिलेगा,
एक अटल विश्वास जगेगा,
अपनी प्रामाणिक हस्ती पर।
चलो, घर चलें,
लौट चलें अब उस धरती पर।

चलो, घर चलें,
लौट चलें अब उस धरती पर।
पूरी होती नहीं प्रतीक्षा!
कभी प्रवासी लौट न पाये।
कितना रोती रही यशोदा,
गये द्वारका श्याम न आये।
दशरथ गए सिधार चिता,
पर राम गए वनवास, न आये।
कितने रक्षाबन्धन बीते,
भैया गये विदेश, न आये।
अम्बर एक, एक है पृथ्वी,
फिर भी देश-देश दूरी पर।
चलो, घर चलें,
लौट चलें अब उस धरती पर।

कजरी – एक विशेष धुन का लोक गीत

चलो, घर चलें,
लौट चलें अब उस धरती पर।
जहाँ प्रतीक्षा करते करते
सूख गई आँसू की सरिता।
उद्वेलित, उत्पीड़ित मन के
आहत सपनों की आकुलता।
तकते तकते बाट, चिता पर।
राख हो गई माँ की ममता।
दूर गगन के पार गई वह

आँखों में ले सिर्फ विवशता।
एक फूल ही अर्पित कर दें
उस सूखी, जर्जर अस्थी पर।
चलो, घर चलें,
लौट चलें अब उस धरती पर।

चलो, घर चलें,
लौट चलें अब उस धरती पर।
जहाँ अभी वह राख मिलेगी,
जिसमें निहित एक स्नेहिल छवि,
स्मृतियों के कोमल स्वर में
मधुर मधुर लोरी गायेगी।
और उसी आँचल में छिप कर,
किसी प्रवासी मन की पीड़ा,
युगों युगों की यह व्याकुलता,
पिघल पिघल कर बह जायेगी।
एक अलौकिक शान्ति मिलेगी।
आँख मूँद कर सो जायेंगे,
सर रख कर माँ की मिट्टी पर।
चलो, घर चलें,
लौट चलें अब उस धरती पर।

*

33. आवासी गीत

मैं काहे अमरीका आया।
कितना गोरखधन्धा देखा, कितना कुछ जंजाल उठाया।
अंकल सैम भयंकर चाचा, फिर भी उनको बाप बनाया।
मैं काहे अमरीका आया।

मैं हूँ गोरखपुर का पंडित, मेरा एक दोस्त नज़दीकी।
अमरीका में रहते रहते, उसकी शकल हुई अमरीकी।
अन्दर से है हिन्दुस्तानी, ऊपर से लगता है वानर।
वह कहता था अमरीका में मिलते हैं सड़कों पर डॉलर।
सुन कर उसकी बातें, मैंने अमरीका का प्लान बनाया।
मैं काहे अमरीका आया।

सबसे पहले पासपोर्ट के अधिकारी ने टाँग अड़ाई।
सर्टिफिकेट जन्म का लाओ, उसने अपनी माँग बतायी।
जब मैं साक्षात सम्मुख हूँ, तो प्रमाण की क्या आवश्यकता?
मेरा अगर जन्म ना होता, तो किस तरह यहाँ आ सकता?
किसी तरह से, ऐसे वैसे, मैंने पासपोर्ट बनवाया।
मैं काहे अमरीका आया।

मैंने सोंचा दिल्ली जा कर वीसा बनवा लूँ अमरीकन।
लेकिन मिला नहीं मुझको दिल्ली एक्सप्रेस में रीज़रवेशन
श्री कंप्यूटर जी से ही अब, जो मिलता है वह मिलता है।
महायंत्र की बात निराली, उन पर किस का वश चलता है।

अंकल सैम - यू.एस.ए का मानवीकरण

इसीलिए फिर एक कुली से वहीं बर्थ कंट्रोल कराया।
मैं काहे अमरीका आया।

अमरीकी एम्बेसी में जब दो घंटे की लैन लगाई।
तब उसने बतलाया, वीसा ऐसे नहीं मिलेगा भाई।
या तो कोई नौकरी पाओ, या मिलियन डॉलर दिखलाओ।
या अमरीकी से शादी कर, पहले ग्रीन कार्ड बनवाओ।
सुनकर ग्रीन कार्ड का मसला, मेरा रंग यलो पड़ आया।
मैं काहे अमरीका आया।

वहाँ एक एजेन्ट खड़ा था, बोला ऐ यूपी के भैया।
वीसा मैं बनवा दूँगा यदि खर्चो ग्यारह लाख रुपैया।
इधर उधर से कर्ज़ा लेकर उस एजेंट की भेंट चढ़ाया।
उसने मुझे एक मंदिर में मुख्य पुजारी पद दिलवाया।
करके पाप पुजारी बन कर, मैंने एच-टू वीसा पाया।
मैं काहे अमरीका आया।

दिल्ली एयरपोर्ट पर मेरी आगे पीछे हुई जंचाई।
फिर जहाज़ पर एयर होस्टेस ने भी मुझको डाँट पिलाई।
वह गोरों संग मुस्काती थी, लेकिन मुझसे कतराती थी।
तब देखा यदि मैं मुस्काऊँ, तो फिर वह भी मुस्काती थी।
मुस्काना है महामंत्र, तब यह सिद्धांत समझ में आया।
मैं काहे अमरीका आया।

अमरीका का कस्टम वाला मेरा लगेज देख चकराया।
उसने मेरा बकसा देखा, मेरा होल्डॉल खुलवाया।
वह अफ़सर इतना टटपुंजिया, उसकी सारी बात निराली।
बीस लाख के सोने चाँदी पर तो उसने नज़र न डाली।

बीस रुपये के आम   देख कर, वह ऑफिसर बहुत गुर्राया।
मैं काहे अमरीका आया।

किसी तरह से जब मैं आया केनेडी एयरपोर्ट के बाहर।
मैंने देखा सड़क किनारे, एक पड़ा था असली डॉलर।
सच कहता था दोस्त, यहाँ तो सड़कों पर डॉलर मिलते हैं।
मगर आज तो पहला दिन है, कल से काम शुरू करते हैं।
यही सोच कर खुश होकर मैंने वह डॉलर नहीं उठाया।
मैं काहे अमरीका आया।

भूख लगी तो मुझे किसी ने हॉट डॉग की बात सुझाई।
आलू पूड़ी खाने वाले को क्या घटिया बात सिखाई।
चाहे हॉट, कोल्ड हो चाहे, कुत्ता तो फिर भी है कुत्ता।
वह बोला, शाकाहारी हो, तो फिर खा लो कूकुरमुत्ता।
कूकुर कल्चर का यह कन्ट्री, कहाँ विधाता मुझको लाया।
मैं काहे अमरीका आया।

ड्राइविंग लायसेंस बनवाने, पहुँचा मैं मोटर के दफ़्तर।
उसने कहा, वामपन्थी तुम, यहाँ दाहिने का है चक्कर।
दायें बायें के चक्कर में, मैं तो कभी नहीं पड़ता हूँ।
मैं बोला मैं भारतवासी, मैं तो बीच सड़क चलता हूँ।
एक मध्यपंथी को दायें चलने पर मजबूर कराया।
मैं काहे अमरीका आया।

अमरीकी क्रीकेट भी देखा, ये सोंटे से बैटिंग करते।
लेकिन इनका खास खेल वह, जिस पर सब दीवाने रहते।

आम देख कर - पेड़ पौधे, जीव जन्तु, कार्बनिक पदार्थ में ले जाने की रोक;
कूकुरमुत्ता - मशरूम; अमरीकी क्रिकेट - बेसबॉल

गोरिल्ला का भेष बनाये, जिसकी कोई मिसाल नहीं है।
यह कैसा फुटबॉल कि जिस में फुट का इस्तेमाल नहीं है।
खेल खेल में मुक्के मारें, क्या भीषण स्पोर्ट चलाया।
मैं काहे अमरीका आया।

एक दोस्त अमरीकी, मैं उसकी शादी में पहुँच न पाया।
मैंने कहा माँग कर माफ़ी, है अफसोस नहीं मैं आया।
कोई बात नहीं वह बोला, अगली शादी में आ जाना।
अपनी इस बीबी से मुझको, जल्दी डाइवोर्स करवाना।
चट शादी और पट तलाक का क्या घटिया दस्तूर चलाया।
मैं काहे अमरीका आया।

उसने कहा कि हम दोनों में बिल्कुल नहीं है कम्पेटिबिलिटी।
चार साल तक हुई कोर्टशिप, फिर किस तरह हुई यह ग़लती?
उसने कहा बड़ी मुश्किल है, हम दोनों के शौक अलग हैं।
अच्छी लगती मुझे औरतें, उसे पुरुष अच्छे लगते हैं।
शादी में ऐसी आज़ादी, क्या अमरीकी चलन चलाया।
मैं काहे अमरीका आया।

एक आदमी मुझे मिला, वह खुफ़िया इंस्पेक्टर लगता था।
जहाँ जहाँ भी मैं जाता था, वह मेरे पीछे आता था।
उससे मैंने कहा एक दिन, जब मुझमें यह हिम्मत आई।
तुम हो शायद एफ-बी-आई? वह बोला मैं जी-ए-वाई।
जिस का रोना भी मुश्किल हो, वह कैसे हँसमुख कहलाया।
मैं काहे अमरीका आया।

एक बार होटल में बैठी, मैंने देखी नारि सुहानी।
थी मिथ्या मुस्कान अधर पर, रुका रुका आँखों में पानी।

छ: बच्चों की जननी थी वह, लेकिन थी आजन्म कुँवारी।
कभी नहीं देखी थी मैंने पहले ब्रह्मचारिणी नारी।
अनब्याही माता भी देवी, कहकर मैंने शीश नवाया।
मैं काहे अमरीका आया।

कई पाठशालायें हैं, जिनमें सोलह वर्षीया कन्यायें।
जो हैं स्वयं बालिकायें, वे बनी अभी से ही मातायें।
छोटे बच्चों से भी कैसा, घृणित लोग पाप करते हैं।
विद्यालय में बंदूकें हैं, गोली से बच्चे मरते हैं।
हर बच्चा है एक धरोहर, हर संस्कृति ने हमें सिखाया।
मैं काहे अमरीका आया।

कितने दरियादिल देखे जो हर काले को मुजरिम कहते।
हैं सब लोग बराबर, लेकिन कुछ को अधिक बराबर कहते।
श्वेत श्रेष्ठता के विश्वासी, जो हत्या को पुण्य समझते।
मार्टिन लूथर किंग अभी भी, आये दिन मरते ही रहते।
ईसा के बन्दों ने कैसे, ईसा का सन्देश भुलाया?
मैं काहे अमरीका आया।

यह कविता है हँसी खुशी की, इसका कोई बुरा न माने।
मेरा यह प्रयास है, हँस कर हम अपने अवगुण पहचाने।
भारत भूमि महान विश्व की, अमरीका दुनिया का गहना।
पूरब - पश्चिम के संगम से, संभव है संसार सँवरना।
इसीलिए यह भारतवासी, आवासी बन करके आया।
मैं ऐसे अमरीका आया।

भारतीय संस्कृति है अपनी, अमरीकी समाज है अपना।
कला, गणित, विज्ञान विश्व को, भेंट हमारी, गौरव अपना।

ओलेम्पिक के स्वर्ण पदक हों, चाहे पुरस्कार हों नोबल।
मानव के उपलब्धि-चिह्न ये, और प्रगति के खिलते शतदल।
विश्व अग्रणी अमरीका का, झंडा चंदा पर लहराया।
मैं ऐसे अमरीका आया।

एक द्वार से बाहर जाकर, अन्य द्वार से अंदर आये।
एक प्रवासी, आवासी बन, दो देशों में सेतु बनाये।
कोई नहीं पराया जग में, यह वसुधा कुटुम्ब है अपना।
सुख, समृद्धि, स्वातन्त्र्य सभी को, यह गांधी, लिंकन का सपना।
अमरीका का स्वर्णिम सपना, मेरी आँखों में भी आया।
मैं ऐसे अमरीका आया।

*

मुक्तक

हम खड़े हो जाएँ अपनी बेड़ियों को तोड़ कर।
रोशनी की ओर चल दें तीरगी को छोड़ कर।
ख़त्म जब हो जाएंगी माज़ी की सब रुस्वाइयाँ,
खुद- बख़ुद मुड़ जाएगा यह वक़्त अगले मोड़ पर।

*

तीरगी - अंधेरा

34. वरदान (हास्य कविता)

दुखी दिख रहे थे पंडित जी, हुयी दोस्त को चिंता भारी
उसने कहा कहो पंडितजी, तुम्हे हो गयी क्या बीमारी?
पंडित जी ने कहा कि मेरी पत्नी से हो गयी लड़ाई
पूरे हफ्ते कुछ न बोलने की उसने सौगंध उठाई।

कहा दोस्त ने कठिन नहीं कुछ, शपथ श्रीमती की तुड़वाना
फूल वगैरह ले जाना कुछ प्यार जता कर उसे मनाना
पंडित जी ने कहा कि तुमने कैसी उल्टी बात सुझाई?
मैं चिंतित हूँ, क्योंकि शपथ का आज आख़िरी दिन है भाई।

पंडित जी को नहीं पता था, उनकी पत्नी वहीं खड़ी थी
बड़े धैर्य से, बड़े ध्यान से, उसने पति की बात सुनी थी
उसने कहा सुनो प्रिय पंडित, अब मैं ऐसा जाप करूँगी
अगले जन्म उसी के बल से, फिर से तुमसे ब्याह करूँगी।

मुझसे छुटकारा पाना हो, तो फिर एक शर्त है मेरी
सारा जीवन भक्ति भाव से, प्रतिदिन करो चाकरी मेरी
पत्नी की धमकी से डर कर, पंडित जी ने शर्त मान ली
पूरा जीवन भक्ति भाव से पत्नीव्रत की बात ठान ली।

यही सोचकर खुश होते थे, इसके बाद मुक्ति पाऊँगा
अगले जन्म कुँवारा रह कर शान्ति और सुख से जीयूँगा
इसी आस में बड़ी खुशी से, की आजीवन पत्नी सेवा
उनको था विश्वास कि पत्नी सेवा से मिलता है मेवा।

सुख से जीवनयापन करके जब पहुँचे वह यम के द्वारे
उनका स्वागत करने आयी स्वयं उर्वशी बाँह पसारे
धर्मराज ने खाता खोला, एक-एक पन्ने को देखा
फिर अचरज से बड़े ध्यान से पंडित जी को निरखा परखा।

बोले, वत्स प्रसन्न हुआ मैं, तुम तो सचमुच बहुत गुणी हो
ऐसी की निस्वार्थ साधना, तुम चरित्र के बड़े धनी हो
तुमने अपने पत्नीव्रत से पति की मर्यादा रक्खी है
पूरा जीवन, प्रतिदिन, प्रतिपल, तुमने पत्नी सेवा की है।

रोज़ सबेरे बेड-टी देकर, तुमने पहले उसे जगाया
तुमने फिर झाड़ू पोछा कर, लंच नाश्ता डिनर बनाया
तुमने दिन भर किया परिश्रम, वह केवल कविता लिखती थी
और फेसबुक पर सखियों संग, फैशन की चर्चा करती थी।

उसकी सुनी सभी कविताएं, फिर भी मुँह पर शिकन न आयी
तुम श्रोता आदर्श, तुम्हारी वाह-वाह में कमी न आयी
जब वह लेटे-लेटे थकती, तब उसको बाज़ार घुमाया
उसके लिए खरीदी साड़ी, उसको क्रेडिट कार्ड दिलाया।

इटली के जूते दिलवाये, पेरिस का परफ़्यूम दिलाया
ऐसा पत्नीव्रत पति बनकर, तुमने इतना पुण्य कमाया
तुम्हें परम आनंद मिल सके, इसीलिए यह वर देता हूँ
सातों जन्म उसी पत्नी की सेवा का अवसर देता हूँ।

*

35. साहब जी की नयी ज़िन्दगी (हास्य कविता)

साहब जी ग़ुस्से में बोले, इस दुनिया में वफ़ा नहीं है।
सब मतलब के यार, यहां पर कोइ किसी का सगा नहीं है।
मेरी बीबी भाग गयी है, मेरे शोफ़र को संग ले कर।
मुझे पता था बहुत दिनों से, उन दोनों में है कुछ चक्कर।

मेरे दिल को ठेस लगी है, पर विश्वास नहीं तोडूंगा।
अब मैं अपने ही बूते पर, नयी ज़िंदगी शुरू करूंगा।
जाने वाला चला गया पर, आंसू नहीं बहाऊंगा मैं।
कल से हिम्मत कर के अपनी मोटर स्वयं चलाऊंगा मैं।

*

शोफ़र - ड्राइवर

36. साक्रटीज़ (हास्य कविता)

टीचर बोला, साक्रटीज़ ने
बात कही यह मरते मरते
"एक मूर्ख के प्रश्न का उत्तर
सौ विद्वान नहीं दे सकते।"

कहा छात्र ने इसमें क्या है
हमको भी यह बात पता है
जब भी इम्तेहान होता है
इसका ही प्रमाण मिलता है।

*

साक्रटीज़ – विख्यात यूनानी दार्शनिक

37. हवलदार था बड़ा मेहनती (हास्य कविता)

हवलदार था बड़ा मेहनती
सबसे मुश्किल ड्रिल करवाता।
अब दायाँ, अब बायाँ कह कर
सबके पैरों को उठवाता।

दायाँ बोला हवलदार तो
सबने दायाँ पैर उठाया।
इक रंगरूट भूल कर बैठा
उसने बायाँ पैर उठाया।

हवलदार ने गौर से देखा
फिर गुस्से में गाल बजाये।
कौन मूर्ख जो खड़ा बीच में
अपने दोनों पैर उठाये?

*

रंगरूट – सेना या पुलिस में नया भर्ती होने वाला सिपाही

38. प्रेम गाथा (बाल कविता)

एक था काले मुँह का बंदर।
वह बंदर था बड़ा सिकंदर।

उसकी दोस्त थी एक छछुंदर।
वह थी चांद सरीखी सुंदर।

दोनो गये बाग़ के अंदर।
उन्होंने खाया एक चुकंदर।

वहाँ खड़ा था एक मुछंदर।
वह था पूरा मस्त कलंदर।

उसने मारा ऐसा मंतर।
बाग़ बन गया एक समुंदर।

उसमें आया बड़ा बवंडर।
पानी में बह गया मुछंदर।

एक डाल पर लटका बंदर।
बंदर पर चढ़ गयी छछुंदर।

इतनी ज़ोर से कूदा बंदर।
वे दोनो आ गये जलंधर।

ता-तेइ करके नाचा बदंर।
कथक करने लगी छछुंदर।

ऐसे दोनो दोस्त धुरंधर।
हँसते गाते रहे निरंतर।

*

39. देव वन्दना

देव ब्रह्मा, हे पितामह
विश्वसृष्टा देव जय जय।
मंगलं भगवान विष्णुः
लोकपालक देव जय जय।
देव शंकर प्रलयंकारी
शंभु शिव नटराज जय जय।

शारदा संगीत रूपा
देवि वीणावादिनी जय।
देवि लक्ष्मी, लोक माता
सर्वमंगलकारिणी जय।
देवि दुर्गा, शक्तिरूपा।
सर्वसंकटहारिणी जय।

सत्य पर विश्वास की जय।
जय धरा, आकाश की जय।

ब्रह्म की सन्तान हैं हम।
धर्म का वरदान हैं हम।

हम अहिंसा के पुजारी।
ज्ञान विद्या के भिखारी।

हे परम कल्याणकारी
हो अमर संस्कृति हमारी।

*

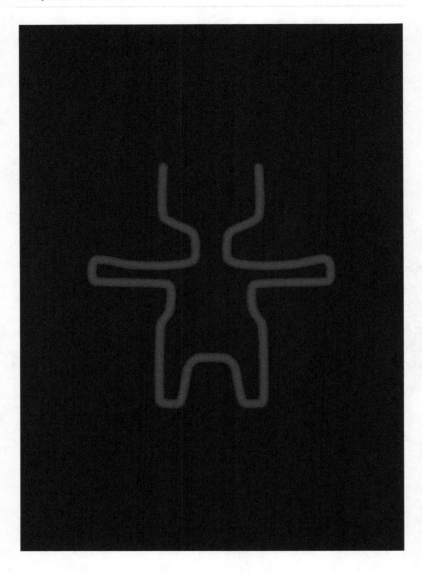

40. दुर्गा वन्दना

जय जय जय जननी। जय जय जय जननी।

जय जननी, जय जन्मदायिनी।
विश्व वन्दिनी, लोक पालिनी।
देवि पार्वती, शक्ति शालिनी।

जय जय जय जननी। जय जय जय जननी।

परम पूजिता, महापुनीता।
जय दुर्गा, जगदम्बा माता।
जन्म मृत्यु, भवसागर तरिणी।

जय जय जय जननी। जय जय जय जननी।

सर्वरक्षिका, अन्नपूर्णा।
महामानिनी, महामयी माँ।
ज्योतिरूपिणी, पथप्रदर्शिनी।

जय जय जय जननी। जय जय जय जननी।

सिंहवाहिनी, शस्त्रधारिणी।
पापभंजिनी, मुक्तिकारिणी।
महिषासुरमर्दिनी, विजयिनी।

जय जय जय जननी। जय जय जय जननी।

*

परिचय : काव्यालय

यह पुस्तक काव्यालय (kaavyaalaya.org) की प्रस्तुति है।

काव्यालय, मनस्कृति सॉफ्टवेयर का गैर-लाभकारी उद्यम, इन्टरनेट जगत का पहला वेबसाइट है जहाँ विख्यात हिन्दी कविताओं का संकलन देवनागरी लिपि में उप्लब्ध हुआ। सन् 1996-97 में जब भारत में जन सामान्य के लिए इंटरनेट उपलब्ध होना बस आरम्भ ही हुआ था, वाणी मुरारका ने काव्यालय की स्थापना की। डॉ. विनोद तिवारी जून 2001 में काव्यालय के सह-सम्पादक बने। आज काव्यालय पर प्राचीन, समकालीन, और उभरते कवियों की अत्यन्त चुनिन्दा कविताएँ उपलब्ध हैं।

काव्य-शिल्प सम्बंधित सॉफ्टवेयर "गीत गतिरूप" हिन्दी जगत को काव्यालय द्वारा मनस्कृति की अनुपम भेंट है। इसके उपयोग से कविगण इसका प्रयोग कर अपनी रचनाओं को और तराश सकते हैं। जहाँ तक हमें पता है, ऐसा सॉफ्टवेयर कहीं और, किसी भी भाषा में, उपलब्ध नहीं है।

हमारा प्रयास है कि मीडिया इन्टरनेट के शोर-शराबे के बीच, काव्य के माध्यम से, शान्ति, सुकून और सौन्दर्य की सरिता बहे। समय समय पर हम पाठकों के संग एक ऐसी चुनी हुई कविता अथवा काव्य / भाषा सम्बन्धित लेख साझा करते हैं जिसकी अनुभूति में डूब कर एक विस्तृत आयाम का आभास हो।

आप अगर काव्यालय की प्रस्तुति पाना चाहते हैं तो इस लिंक पर अपना ईमेल दर्ज़ करें kaavyaalaya.org/subscribe